Eduardo Prieto

AF276603

Tan cerca y de repente tan lejos

Una historia de las atmósferas en la arquitectura

Ensayos Críticos
02

De los ambientes, de las atmósferas de la arquitectura, cabría afirmar lo mismo que decía San Agustín cuando lo interpelaban por el tiempo: «Si me lo preguntas, no sé responder, pero sé de qué se trata si no me lo preguntas».

Forma desmaterializada o energía en construcción, la atmósfera presenta una condición equívoca, huidiza, a medio camino entre lo material y lo espiritual: tiene el poder fantasmagórico de estar tan cerca y de repente parecer tan lejos. Como ya escribiera Sigfried Giedion en *Espacio, tiempo y arquitectura,* «el concepto de atmósfera entorpece el discurso arquitectónico; atrapa a aquellos que tratan de evitarlo y elude a los que lo persiguen»; tesis en buena parte agustiniana que asume por su parte Mark Wigley cuando reconoce el papel determinante de la atmósfera en la experimentación del espacio —«entrar en un proyecto es entrar en una atmósfera»— para acabar concluyendo que lo atmosférico desempeña «un papel extraño en la teoría de la arquitectura» pues «expulsa tanto a los que la ponen en el centro de su pensamiento como a los que la marginan».[1]

Quizá no pueda ser de otro modo en un concepto cuya razón de ser es, precisamente, dar cuenta de aquello que buena parte de la tradición arquitectónica se ha esforzado en eludir o incluso combatir: el carácter inaprensible pero fenomenológico —lleno de sugerencias sensoriales y culturales— del espacio arquitectónico. Así considerada, la atmósfera resulta resonante con su etimología, pues procede de los vocablos griegos *atmos*: 'exhalación' o 'vapor' y *sphaira*: 'esfera' o 'globo', y alude por ello al ámbito de lo indeterminado, lo borroso, lo inestable, lo efímero y a cierto carácter inclusivo, diríamos casi que inevitable, que se opondrían a la determinación, la nitidez, la estabilidad (también temporal) y la parcialidad implícitas en el concepto tradicional de forma.

Tal oposición desborda, por supuesto, el discurso de la arquitectura. De hecho, es en las reflexiones generales de la estética filosófica de los últimos cien años donde hay que buscar las contribuciones conceptuales más fructíferas en relación con el asunto. Estas suelen incidir en que la dialéctica que la atmósfera establece con la forma no es sino un modo particular de la que se produce entre el sujeto y el objeto, entre el perceptor y su entorno: una dialéctica que tiene un cierto potencial transformador para las artes. La tesis procede, en su mayor parte, de quien puede considerarse fértil actualizador de la tradición de la estética atmosférica, Gernot Böhme, quien, siguiendo a autores como Heidegger, Merleau-Ponty,

Bachelard, Schmitz, Bollnow o Norberg-Schulz —verdaderos padres de la 'atmosferología'—, ha afirmado que la Estética debería convertirse en su totalidad en una doctrina de los ambientes percibidos, habida cuenta de que, en rigor, el 'objeto primario' de la percepción «no son ni las sensaciones ni las formas ni los objetos, tal y como pensaba la psicología de la Gestalt, sino las atmósferas, contra cuyo trasfondo la mirada analítica distingue cosas como los objetos, las formas o los colores».[2] Según Böhme, este empeño atmosférico permitiría ampliar un campo estético que tradicionalmente habría estado relegado a la simple teoría sobre la belleza formal[3] y establecer vínculos inéditos entre «las cualidades medioambientales y los estados humanos»,[4] es decir, entre la ecología y la psicología consideradas en sus sentidos más amplios.

El énfasis en las cuestiones perceptivas, psicológicas o fenomenológicas que trae consigo la noción de ambiente conduce a una pregunta fundamental: ¿'están' las atmósferas en el sujeto o, por el contrario, las 'contiene' o 'produce' el objeto? En la ontología clásica, también en la estética arquitectónica clásica (si es que tal cosa existe), el objeto se pensaba como algo que limita y cierra, pero que también es capaz de generar efectos o impactos en su entorno; unos impactos que pueden darse por contacto mecánico —a la manera de un proyectil, por ejemplo— o bien de un modo como termodinámico, 'irradiando' su presencia por el espacio que lo rodea. Sin embargo, desde la perspectiva de lo atmosférico, tal prioridad del objeto se desvanece. Para unos —Heidegger, Schmitz, Bollnow—, el ambiente es un «portador espacial de estados de ánimo», por lo que el protagonismo pasa al sujeto; para otros, como Böhme o Martin Seel, lo atmosférico es fruto de un trabajo conjunto de las «personas, los objetos y sus constelaciones», por cuanto es en sí mismo un *inter est,* es decir, un ámbito de mediación, la «realidad común del perceptor y lo percibido».[5]

Así considerado, el 'pensamiento atmosférico' pretendería recuperar el cuerpo humano como medida del espacio arquitectónico, aunque, en este empeño, el cuerpo deba considerarsemenos como forma o polo de la mímesis —el círculo del Hombre de Vitruvio, por decirlo así— que en cuanto portador de sensaciones, sentimientos y memorias existenciales. Menos anestésica que sinestésica,[6] la atmósfera se construye en el camino de ida y vuelta entre el perceptor y el resto de personas, y entre estos y los objetos materiales y culturales que condicionan su percepción.

Entre los objetos que condicionan la percepción está, por supuesto, el espacio arquitectónico, concepto cuya introducción en este discurso, lejos de aclarar las cosas, acaso las complique más. Pese a la noción intuitiva que podamos tener del 'espacio' y la 'atmósfera', no es fácil, en rigor, saber de qué hablamos al mentarlos, y por mucho que ambos estén inextricablemente ligados entre sí y sostengan buena parte del fondo conceptual del discurso moderno, ni siquiera los mejores teóricos han sabido delimitar con exactitud la frontera lábil que se abre entre uno y otro concepto.

En cualquier caso, la relación entre el espacio y la atmósfera tiene cierta historia que podría resumirse así. Para los padres del enfoque 'espacialista' de la arquitectura, la mayor parte de ellos provenientes del campo de la Estética filosófica construida a finales del siglo XIX —Schmarsow, Riegl, Lipps—, el reto fue separar la idea de la arquitectura como ente cerrado, macizo y háptico de la idea de la arquitectura como espacio, esto es, en cuanto 'ambiente' percibido de manera sobre todo visual. Para ellos el camino de lo háptico a lo óptico era el que conducía de la forma escultórica al espacio 'impresionista'. En las primeras décadas del siglo XX este tránsito hacia lo visual cambió de dirección cuando el Movimiento Moderno empezó a desacreditar el ambiente 'impresionista' del XIX tildándolo de borroso, inestable, confuso e incluso burgués, e intentó sustituirlo por una noción que entonces se vio novísima, aunque en realidad no fuera más que una reinterpretación del viejo *continuum* cartesiano, homogéneo e isótropo: la idea de la fluidez espacial.

Pero, pronto, la estructura pulsante que define la sensibilidad de los arquitectos reaccionó frente a la isotropía y homogeneización del *continuum* moderno y la incomodidad se volvió franco rechazo cuando, en torno a 1950, comenzó a agrietarse el principio implícitamente reconocido de que el hombre se encuentra 'en el espacio' como si estuviese en un grande y neutro contenedor.[7] Inevitablemente el repudio del espacio abstracto vino acompañado de un énfasis en lo ambiental o atmosférico que tuvo mucho que ver con la influencia de la filosofía de Martin Heidegger, quien dejó de lado la concepción cuantitativa del espacio para incidir en la experiencia predimensional y en la 'tonalidad emotiva' que, a su juicio, sostienen el verdadero 'habitar' humano: un habitar que, más allá de los espacios abstractos, se instala en lugares concretos y atmósferas cualitativas.

Por las mismas fechas en que Heidegger desarrollaba su ideal del 'habitar', la fenomenología enriquecía la noción de espacio merced al trabajo clave de Maurice Merleau-Ponty. Influido por la filosofía de Husserl y por las tesis del psicólogo Eugène Minkowsky, Merleau-Ponty partió, como Heiddeger, de la experiencia primordial que el cuerpo establece con su entorno por medio de un anónimo y antipredicativo pacto con el mundo; una experiencia que no se basa en la capacidad enjuiciadora del sujeto, sino en la interacción con un ambiente cualitativo y ricamente indeterminado, es decir, con una 'espacialidad primordial' *(spatialité originaire).* «Debemos reconocer», escribe Merleau-Ponty en *La fenomenología de la percepción,* «que lo indeterminado es un fenómeno positivo. Es en esta atmósfera en la que se presenta lo cualitativo […] En realidad, todas las cosas son concreciones de un ambiente, y cada percepción explícita de una cosa se nutre de una comunicación preliminar con cierta atmósfera».[8]

Heidegger y Merleau-Ponty fueron, sin duda, las cabezas más visibles del pensamiento 'atmosférico' del siglo XX. Los siguieron otras figuras de relieve que, como ellos, desarrollaron sus ideas en el ideológicamente convulso periodo que va de 1940 a 1970. Hermann Schmitz dio también cuenta del sentido espacial de las atmósferas, incidiendo en su carácter de «portadoras de estados de ánimo»[9] y entendiéndolas, a la manera del Romanticismo alemán, como proyecciones de la psique de los individuos. Por su parte, otro filósofo, el hoy olvidado pero en su tiempo muy leído Otto Friedrich Bollnow, desarrolló el punto de vista heideggeriano para oponer el espacio realmente 'vivido' al simplemente 'percibido', y para acabar adjudicando a aquel un carácter 'emocionalmente entonado', esto es, subjetivo y cualitativo. En *Hombre y espacio,* su obra mayor, Bollnow prohíja la noción de *Umwelt* (el entorno humano), aunándola con la vieja noción estética de la *Stimmung* (la entonación anímica), para describir con paciente atención fenomenológica las características del 'espacio ambiental'. «El espacio», escribe Bollnow, «tiene su ambiente determinado como interior y como paisaje. Puede ser alegre, ligero, tenebroso, prosaico o solemne, y ese ambiente se transmite al hombre que pertenece a él». Y concluye: «Son especialmente las circunstancias atmosféricas las que influyen —alegres, luminosas, opresoras— sobre el hombre. Y asimismo el hombre está internamente dominado por un estado anímico determinado y es propenso a transferirlo al espacio que lo rodea […] Se habla tanto de la *Stimmung* (disposición anímica, etcétera) del hombre como de la *Stimmung* (efecto íntimo, ambiente, etcétera) de un paisaje o un interior cerrado y, en sentido estricto, ambos no son más que dos aspectos de una sola cosa: el 'estar impregnado por un ambiente'».[10]

Nótese que donde tiene más sentido este 'estar impregnado por el ambiente' es en el ámbito de lo íntimo, del espacio cercado y protegido de la casa tradicional. La casa fue, de hecho, el gran tema de otro de los padres de las atmósferas subjetivas, existenciales y, en este caso, también líricas: Gaston Bachelard. Resistiendo los envites del mundo exterior, las paredes de la casa «mantienen al hombre erguido frente a todas las tempestades del cielo y de la vida» y construyen un ambiente que propicia los «sueños de la fantasía». La casa «protege la ensoñación, cobija al soñador; nos permite soñar en paz»; más que una simple *machine à habiter* es un *ambiance à rêver.* Desde la perspectiva de Bachelard, la atmósfera interior sería más acogedora cuanto más agresivo se muestre la exterior. Como aquella es una especie de 'seno materno' térmicamente homogéneo y en la que nos sentimos indistintos con el entorno, sus poderes serán más evidentes cuanto mayores resulten ser las violencias de las que nos protege: «¿Acaso no aumenta el invierno la poesía del habitar? El soñador desea cada año del cielo cuanta nieve, granizo y helada sean posibles. Necesita un invierno canadiense, ruso; así su nido será más cálido, suave, amoroso».[11]

El carácter cualitativo del lugar, la *spacialité originaire,* el *Umwelt,* la *Stimmung* y, finalmente, el ambiente recogido y ensoñador de la casa, son conceptos que evidencian del 'giro atmosférico' que, desde la segunda mitad del siglo XX, ha impregnado una parte de la filosofía y la estética, para llegar también a la arquitectura. En este proceso de transferencias y contaminaciones conceptuales, la palabra 'atmósfera' ha ido adquiriendo unos sentidos variados y complementarios que acaso podrían abordarse desde tres dimensiones: estéticas, existenciales y climáticas. Las estéticas dan cuenta del carácter evanescente, borroso, de los ambientes construidos por flujos de energía y de simbolización cultural diversos, variables y en buena parte impredecibles. Desde este punto de vista, la atmósfera se convierte en una suerte de cuadro habitado, de composición efímera que se percibe en proximidad y a través de todos los sentidos del cuerpo. Por su parte, las dimensiones existenciales serían como un corolario de las estéticas, por cuanto las atmósferas no solo atañen a los sentidos, sino también a la memoria y a los estados de ánimo *(Stimmungen)* del sujeto que las habita, de manera que en ellas resuenan las vicisitudes de la vida y también la idiosincrasia colectiva que forma cualquier contexto. Pero las dimensiones estéticas o existenciales de la atmósfera no serían posibles sin las climáticas, energéticas o medioambientales, pues construir un ambiente es, en el fondo, poner entre paréntesis a la naturaleza o cuando menos matizarla o 'domesticarla' (volverla casa), y esto se consigue oponiendo a la atmósfera meteorológica del 'ahí-fuera', la atmósfera climatizada y artificial del 'aquí-dentro', lo cual conduce inevitablemente a reflexionar sobre los modos en que los ambientes arquitectónicos se construyen a través de la forma, la materia y la energía, es decir, el 'proyecto'.

Lejos de ser inéditas —como pretende buena parte de la crítica arquitectónica a la moda que toma como un principio a autores que, como Zumthor o Pallasmaa, son en realidad un final—, las connotaciones estéticas, existenciales y climáticas que introduce el concepto de atmósfera en la arquitectura tienen una larga prosapia. Aquí se dará cuenta de ella a través del estudio de varios casos —la *domus* romana, la catedral gótica, los teatros sagrados del Barroco, el sueño atmosférico de la Ilustración, el Crystal Palace, la casa expresionista— en el empeño, por fuerza tentativo, de proponer unos prolegómenos a una breve historia de las atmósferas en la arquitectura.

Modificaciones del aire: la *domus*

La casa romana por antonomasia no era la *casa* o *tugurium* de los esclavos o animales, ni la ostentosa villa suburbana de los libertos acaudalados, ni el palacio imperial de las estrictas etiquetas bajoimperiales, ni menos aún la *insula* donde se apilaban masificadas las moradas de la plebe. La casa romana por antonomasia era la *domus*, la casa aristocrática con atrio, ese pequeño patio descubierto situado en el corazón de la vivienda que es uno de los mejores ejemplos de multifuncionalidad en la historia de la arquitectura.

El *atrium* fue, en efecto, un sistema de organización de los espacios domésticos, una zona intermedia entre el mundo de lo público y lo privado, un ámbito representativo y ceremonial donde la familia convivía con sus clientes y sus dioses domésticos (Jano, Vesta, los Lares, los Penates, el Genio), y un instrumento de orientación que definía la axialidad fundamental de la *domus* que, de las *fauces* al *tablinum,* materializaba la transición desde la calle hasta el interior. Pero el *atrium* fue también un aparato termodinámico que daba una respuesta robusta y flexible al problema (todavía hoy complejo) de conseguir un equilibrio adecuado entre el acondicionamiento térmico, por un lado, y la iluminación y la ventilación, por el otro. La *domus* se comportaba como un interior pseudoestanco: se cerraba hacia las paredes medianeras y hacia la ruidosa crujía de la calle (donde se ubicaban las *tabernae* o locales comerciales), pero se abría a la atmósfera exterior por el *atrium*, que de este modo trabajaba como un pozo de luz y un captador/exutorio de aire. Es cierto que la luz que se colaba entre los faldones del *compluvium* era escasa, pero esto no suponía una desventaja en climas como el mediterráneo: por el contrario, la angostura del *compluvium* hacía más fácil que, durante el verano, la casa pudiera protegerse del exceso de radiación o, incluso, aislarse parcialmente gracias a la colocación de *uelas*, es decir, toldos o telas de diferente condición según los casos, que iban desde la lona de color púrpura en las casas más aristocráticas hasta el simple lienzo blanco, pasando por los siempre eficaces toldos de piel de cabra, conocidos por sus propiedades aislantes. La protección de las *uelas* podía complementarse con el efecto sombreador de los pórticos *(pergolae)* y balcones porticados *(solaria)*, así como con el efecto aislante de las terrazas ajardinadas, un invento descrito por Plinio en su *Naturalis historia.*

Confinadas entre robustas paredes dotadas de inercia térmica, las habitaciones de la *domus* no se abrían al interior más que a través de puertas protegidas con cortinas de diferentes materiales y pesos según las circunstancias, de tal modo que el *atrium* acababa funcionando, en términos termodinámicos, como un espacio que era a la vez 'fuente' y 'sumidero', pues permitía ganar o ceder cargas térmicas en función de la época del año.

Para ello resultaba útil la tercera función termodinámica que, desde muy antiguo, cumplió el atrio: la de depósito de agua. Recogida en los cuatro faldones inclinados del *compluvium*, la lluvia se acumulaba en el *impluvium* o aljibe, en cuya parte superior solía haber un brocal de pozo *(puteal)* y una pequeña alberca, a veces con vegetación, que durante el verano ayudaba al refrescamiento y a la creación de un tiro de ventilación natural favorecido por la colocación en el otro extremo de la casa del *hortus* o jardín.

Por supuesto, como ocurre en cualquier cultura tradicional, todos estos mecanismos pasivos se complementaban con el uso del fuego. Pese al carácter ritual que se le adjudicaba en la Antigüedad, el fuego en Roma era temido por su carácter destructor (las techumbres de la *domus* eran de madera) y despreciado por la suciedad grasienta que se le asociaba. De ahí que los romanos, poco amigos de la chimenea, prefirieran las brasas transportables y limpias, y de ahí también que la cocina, aun albergando los altarcillos a los dioses Penates vinculados al fuego, se considerase el lugar menos honroso de la casa. La ocultación del fuego fue la decisión un tanto tardía de una civilización con marcada tendencia al esnobismo (el propio atrio acabó sustituido por el helenizante peristilo); una civilización ignorante ya de que la función originaria del *atrium* (cuyo étimo es *ater*, 'oscuro') no había sido otra que la de acoger la llama del hogar. Este pasado explica que en los atrios hubiera, junto al *puteal*, una mesa de funcionalidad dudosa, el *catibulum*, vestigio simbólico de la vieja encimera de cocina junto a la cual los romanos colocaban las efigies de sus antepasados, las *fumosae imagines,* las efigies ahumadas.

No es difícil imaginarse la atmósfera de la *domus*, que debió ser semejante a la de la casa musulmana o a las casas patio de la arquitectura popular española o latinoamericana. El poeta romano Lucrecio describe el efecto de pasar del exterior al interior de la *domus* como una 'modificación del aire'. Y estaba en lo cierto: cuando se franqueaba el *foris* o puerta de la casa para llegar al *atrium*, el cuerpo quedaba envuelto en una atmósfera grata definida por la luz atenuada por la *uela*, el rumor del agua en el *impluvium* y también por la presencia inquietante de las efigies de cera de los antepasados de la casa, manchadas del hollín de un primigenio fuego. La *domus* fue una cuestión de aire, pero un aire impregnado de fuego y de memoria.

Materialia lumina: la catedral gótica

De las dos metáforas que los teóricos del Romanticismo asociaron a la catedral gótica —la del bosque y la de la cueva—, la más afortunada fue la primera, pues tenía la ventaja de vincular la catedral con el prestigio de las tradiciones célticas o germánicas, ya que el gótico era, según ellos, cosa de los hombres del Norte. Pero estos pequeños delirios septentrionales se hicieron convivir con la idea, pronto devenida en lugar común para los arquitectos, de que la estructura gótica —semejante en su lógica a la de una bóveda vegetal— constituía un sistema racional y digno de imitación. Este lado positivista y funcional acabó imponiéndose a las metáforas cavernosas y orgánicas, de manera que, con la llegada de la modernidad, solo perduraron de la mano de los románticos más fieles, los arquitectos del Expresionismo alemán, que vieron en la catedral menos una estructura racional perfecta que una poderosa atmósfera litúrgica y una obra de arte total susceptible de resucitarse en los atribulados tiempos de la revolución capitalista.

En el campo de la historiografía, la fortuna de las metáforas orgánicas y esotéricas de la catedral también fue escasa, y son pocos los nombres que, como Sedlmayr y Von Simson, intentaron dar un nuevo vuelo a las intuiciones románticas. Lo consiguieron merced a un concienzudo estudio de los documentos de la época, en especial esas memorias en las que el abad Suger describe las obras en la abadía de Saint-Denis —el primer gran edificio gótico— como una visión 'anagógica' del más allá, es decir, como una especie de alegoría atmosférica y sensible de una realidad solo perceptible por el intelecto. A diferencia de la perspectiva por entonces predominante —que diseccionaba cada parte de los edificios de acuerdo al método iconográfico o funcionalista—, Sedlmayr y Von Simson prefirieron entender la catedral gótica como un todo y vindicar la consonancia de los diferentes medios artísticos para producir el efecto anagógico a través de las atmósferas de la arquitectura.

Con todas sus imperfecciones metodológicas y excesos intelectualistas, este enfoque de raíz romántica ha demostrado ser adecuado para entender el sentido de la catedral gótica, en especial de sus interiores arquitectónicos. La historiografía menos sutil suele enfatizar que el objetivo del constructor gótico era simplemente reducir la estructura y disolver los muros para dejar paso a la luz natural, que de este modo contribuía a reforzar la sensación de verticalidad que suele considerarse rutinariamente el rasgo esencial del goticismo. Pero la realidad es que, en el caso de la catedral gótica, no fue la luz natural, diáfana y lechosa, lo que se pretendía introducir en las naves, sino la llamada *lux nova,* la luz densa y coloreada que se hacía pasar por la vidriera y era la fuente atmosférica y la verdadera razón de ser de todo el entramado material. La modulación, la estructura, las pinturas, los valiosos tapices, el oro o las piedras preciosas que adornaban los altares se supeditaban así a un efecto mayor: crear la atmósfera de un interior completamente artificial.

En tal caverna litúrgica, el contacto con el exterior se reducía al plano de contacto de la vidriera, allí donde el rayo luminoso contaminado de los cambios atmosféricos se destilaba y limpiaba de las impurezas del mundo para convertirse en un material brillante y alegórico *(materialia lumina),* y todo ello por medio de la alquimia arquitectónica. A construir este ambiente litúrgico coadyuvaban la sensación de estabilidad producida por la inercia térmica (por su masa y notable hermetismo, la catedral amortigua el régimen exterior de cambios de temperatura) y la música que, desde el coro, iba resonando de nave en nave para envolver los cuerpos de los fieles. A su modo, el abad Suger de Saint-Denis fue consciente de todo esto cuando empezó a renovar su basílica por los pies, colocando allí una inscripción que presentaba el nuevo acceso al edificio como una *porta coeli,* o sea, como una puerta al cielo. La catedral gótica fue acaso la primera utopía del interior puro.

Iniciada por los románticos, continuada por la estética psicológica alemana de finales del siglo XIX y culminada por los visionarios de la *Gläsernekette,* la reflexión sobre la espacialidad gótica suministra un poderoso campo semántico ligado a las atmósferas. Un campo que puede empezar a construirse con adjetivos como lo indeterminado, lo borroso, lo desmaterializado, lo infinito, lo efectista, lo empático o incluso lo sinestésico.

Los *teatri sacri* del Barroco

Buena parte de estos calificativos pueden referirse también a ciertos edificios del Barroco. De hecho, la afinidad esencial entre lo gótico y lo barroco es un lugar común desde que Heinrich Wölfflin adjudicara a ambos estilos características como la indeterminación espacial, la aspiración a lo infinito y el pintoresquismo.[12] Como el ambiente gótico, también el barroco estaba definido por el «sentimiento del espacio infinito» y concebido desde esa «aversión a toda limitación»[13] que, como se ha visto más arriba, es precisamente el rasgo que resulta a la vez tan atractivo y tan incómodo del concepto de atmósfera. El espacio confinado entre los muros, lejos de estar ya rigurosamente determinado por el detalle del bulto claro y distinto de la columna o la bóveda blanca típicas del Renacimiento, tiende a resultar inaprensible en el interior barroco. El resultado es que el cuerpo deja de confiar en sus potencias prensiles y cede al ojo toda la responsabilidad estética. Este desplazamiento desde lo háptico a lo óptico trae aparejado, como ya advirtiera Riegl,[14] una bidimensionalidad en la que el énfasis en los volúmenes estables cede el paso a la presentación de efectos bidimensionales, virtuales.

En su afán por representar lo inaprensible, el espacio construido se somete al gusto y a las técnicas del pintoresquismo, que dependen de todo tipo de juegos de iluminación, en especial los que tienden a confundir o velar la forma 'real' de los objetos. De ahí que, como advirtiera Wölfflin, el Renacimiento pueda considerarse 'formal', en tanto que el Barroco resulta 'atmosférico'. Basta con comparar, para comprobarlo, una cúpula renacentista, con sus pinturas que muchas veces representan la bóveda celeste y refuerzan con ello la geometría de la media naranja, con una cúpula pintada por ejemplo por Andrea Pozzo, donde la sensibilidad barroca disuelve el volumen de la semiesfera en un caos a medias teológico y a medias meteorológico por el que flotan entre nubes angelotes rollizos y santos contorsionados. La cúpula renacentista da cuenta de la geometría estable de cielo; la barroca, de su condición mudable y efímera.

Disueltas en la atmósfera, las formas no son sino figuras incompletas que pierden su autonomía plástica para colaborar al fin que busca el arquitecto barroco: crear efectos. Estos efectos dependen de una luz declinada en matices inagotables, que encubre las formas, las vela o incluso las destruye en pos de una «belleza de lo confuso» que se basaría menos en la delimitación precisa de los contornos de las columnas o los frontones que en la impresión de conjunto producida al 'primer vistazo'. Wölfflin, de nuevo, lo resume bien: «A menos percepción, más atmósfera».[15]

Así considerada, la arquitectura se convierte —como el jardín pintoresquista después— en una especie de pintura de tres dimensiones en la que se enlazan de manera dinámica diferentes cuadros, ambientes o puestas en escena de condición teatral. La capilla Cornaro en Roma, de Bernini, es un buen ejemplo del dramatismo atmosférico del Barroco, la puesta en escena de lo que no en vano se llamaba *theatrum sacrum*. Los Cornaro, blancos muñecos vivientes, contemplan desde un palco —como si estuvieran en la ópera— el éxtasis de Santa Teresa, hecho extraordinario que tiene lugar en la fornícula que hace de telón de fondo del altar. Toda la capilla está revestida con mármoles de diferentes texturas y tonalidades que trabajan de consuno para exaltar el efecto misterioso representado por una escultura que está dramáticamente iluminada por una luz cuya fuente se oculta. Las artes colaboran unas con otras, y solo faltaría añadir los cánticos litúrgicos para imaginarse el *effetto* vibrante y multidimensional que produciría el conjunto y que sería acaso no muy diferente del experimentado por el romántico Ludwig Tieck en la memorable misa sinestésica que describe en las que tal vez sean sus mejores páginas.

Pero, en el interior barroco, la atmósfera no puede juzgarse solo por los efectos pictóricos de los que depende, sino por el efecto moral que genera a través de un impacto sobre los sentidos devenido en una suerte de embriaguez catártica y redentora. El cuerpo y el sentimiento recuperan el centro, y el mecanismo que hay tras ello es añejo: la catarsis aristotélica. De ahí los lazos que, en los ambientes barrocos, se establecen entre arquitectura y teatro, que no son solo los que vinculan la espacialidad y la escenografía a través de la perspectiva lineal —desde el Teatro Olímpico de Palladio a los trampantojos rococós—, sino también los que dan cuenta de la condición esencialmente ilusionista y festiva de la arquitectura en general; una condición reconocida, por ejemplo, por el Gottfried Semper que escribió aquello de que la auténtica atmósfera de la arquitectura es la bruma de las velas de Carnaval.

Así, ya sea en el ambiente denso de la liturgia o bien en el espacio festivo del teatro o en los trampantojos juguetones de los espejos rococós, la atmósfera barroca depende, como más tarde la del impresionismo, de una 'bruma', de un «anublamiento»,[16] de una difuminación de los contornos que tiene como contrapartida una materialidad «reblandecida» y amorfa que convierte los muros de piedra, casi a la manera daliniana, en algo «tierno y sabroso».[17] En ocasiones esta blandura amorfa no se resuelve en la creación de un ambiente denso, sino que se alía con la luz homogénea para acentuar, al modo de la tradición renacentista, la plasticidad de la forma. Es lo que ocurre, por ejemplo, en el célebre San Carlino de Borromini, cuyo interior —no por casualidad— es completamente blanco. Muy distinto es el espacio de la cercana iglesia de Sant'Andrea en el Quirinal, de Bernini, con sus arquitrabes y pilastras jaspeados de muchos colores y colonizados por la escultura, y con su cúpula pintada con un cielo iluminado, que da pie a una puesta en escena tan espectacular como misteriosa. Es el misterio, precisamente, la categoría de la que depende el ambiente barroco: un misterio tenue que vela las formas y contra el que se recortan los centelleos de la luz de origen desconocido que de repente ilumina el altar o anima una estatua de bronce. El caso es producir un vértigo sublime ante lo inaprehensible, ora por la oscuridad de un espacio sin iluminar o de un mármol negro, ora por la niebla que espesa la luz coloreada que penetra por la linterna.

Puede decirse, por tanto, que atmósfera barroca depende de un juego estético en el que están implicados, por un lado, el cuerpo del individuo y el espacio que lo envuelve, y, por el otro, los recursos técnicos de las disciplinas variadas que colaboran entre sí para producir la 'obra de arte total', desde los rigurosos trazados ilusionistas de la perspectiva hasta la materialidad exuberante de la escultura, pasando por la mecánica, la acústica o la luminotecnia. Quizá el mejor ejemplo de este modo de hacer, diríamos hoy que 'multisdisciplinar', sea —aparte de muchas obras del citado Bernini o de otros no menos dotados artistas como Pietro da Cortona— el monje teatino modenés y discípulo de Borromini, Guarino Guarini, que aplicó sus profundos conocimientos de matemáticas, geometría, mecánica y óptica a la creación de los extraordinarios ambientes de la iglesia de San Lorenzo y de la capilla del Santo Sudario de Turín, en las que la forma se asocia a la luz para inducir aquel «sentimiento de espacio dirigido al infinito» que para Wölfflin constituía el rasgo primordial de la arquitectura de la época.[18] Es, precisamente, este modo de acercar el arte a la ciencia en la creación de atmósferas inconmensurables y borrosas el que vincula a Guarini con las iglesias rococós de Neumann y los hermanos Adam, una suerte de premoniciones del ímpetu multidisciplinar que, *mutatis mutandis,* demuestran hoy otros creadores de atmósferas como Olafur Eliasson, Anish Kapoor o SANAA. En cierto sentido, todos ellos son herederos del Barroco.

Los sueños atmosféricos de la Ilustración

Las atmósferas de la Ilustración son herederas de las del Barroco, pero adquieren ese tinte más aéreo y festivo que Gianbattista Tiepolo supo dar a sus trampantojos del palacio de Würzburgo, por citar solo una obra muy conocida. La primera Ilustración es, a fin de cuentas, la época en la que triunfa el Rococó, con sus arabescos y espejos. El siglo, sin embargo, acabaría alumbrando otro tipo de ambientes más psicológicos, si puede decirse, y también más oscuros e incluso lúgubres. Son los que definen, por ejemplo, los interiores anublados de la Biblioteca Real de Viena, de Fischer von Erlach —en la que se aplican al ámbito civil los mismos mecanismos efectistas que antes habían empleado Bernini o Guarini en el espacio sacro—, o los más oníricos e inquietantes de las *Carceri* de Piranesi, con sus límites indeterminados y sus espacios oscuros y de materialidad bruta que están a caballo entre lo pintoresco y lo sublime, sin dejar de aludir a cierta espacialidad inquietante, *unheimlich*, por emplear el término de Freud. Si Tiepolo es el soñador de atmósferas diurnas e irónicas, Piranesi lo es de las nocturnas y macabras, y con ello inaugura una tradición esotérica y antirracionalista que continuaría con el Romanticismo hasta entroncar con la 'modernidad oscura', si es que podemos denominarla así.

Y en efecto: como el de la razón, el sueño atmosférico ilustrado produjo también sus monstruos. Muchas utopías de la época pertenecen a este género, aunque todas ellas se pretendan civilizatorias. En las visiones de Boullée, la atmósfera desempeña un papel tan importante como la geometría: mientras que esta da cuenta del *génie froid et calculateur* del arquitecto mecanicista, aquella responde al *génie instinctif* del artista sublime. Ambas hacen hablar a los edificios, dotándolos de carácter. No basta con que las formas sean percibidas por los ojos; es necesario que el espacio envuelva los cuerpos, que suscite sensaciones a través de la luz. Aquí, la lógica del ambiente barroco basado en los juegos efectistas permanece inalterada, pero ahora se justifica con las razones un tanto pomposas de la filosofía sensualista y sirve a fines laicos.

Boullée concibe la arquitectura como «el arte de conmover por los efectos de la luz», una definición de la disciplina que nunca hasta entonces había sido tan ambientalista. La clave del asunto es la capacidad de la iluminación para dotar de identidad al espacio, cualificándolo con los matices necesarios para construir su carácter propio y permitiendo que estos se perciban por quienes lo habitan gracias al efecto emotivo que imprime en sus psiques a través de los sentidos. Boullée lo expresa bien: «Es la luz la que produce los efectos; estos nos causan sensaciones diversas y contradictorias en función de que sean brillantes y sombríos. Si puedo llegar a esparcir en un templo magníficos efectos de luz, llenaré el alma del espectador con un sentimiento de bienestar; no llevaría, por el contrario, más que a la tristeza cuando el templo presente tan solo efectos sombríos. Si puedo evitar que la luz llegue directamente y hacerla penetrar sin que el espectador perciba de dónde viene, los efectos resultantes de una claridad misteriosa producirán efectos inconcebibles y, de alguna manera, una especie de magia encantadora». De esta suerte, el arquitecto que llegue a ser «maestro en estos medios» podrá decir «*fiat lux* y, según su voluntad, el templo se verá resplandeciente o no será más que la vivienda sombría de las tinieblas».[19]

Graduado entre el resplandor y la tiniebla, el 'efecto poético' de la arquitectura depende, así, de esa *lumière mystérieuse* que Boullée menciona recurrentemente en sus escritos y que pone en escena, no con menor énfasis, en sus proyectos. Entre ellos, el que mejor evidencia esta concepción atmosférica es, sin duda, el célebre cenotafio de Newton, monumento en el que, como anuncia su autor, «el espectador se encontrará transportado en los aires como por arte de magia y elevado sobre nubes vaporosas en la inmensidad del espacio».[20] La singularidad de la obra no consiste tanto en esta imagen aérea —que evoca las escenografías de un Pozzo o un Tiepolo—

cuanto en los medios que se emplean para conseguir el efecto atmosférico, que ya no son los de la pintura bidimensional y estática ni dependen de una materialidad cromática o exuberante, como en el Barroco. Ahora las herramientas no son otras que las de la propia arquitectura. De un lado, la vasta esfera hueca cuya curvatura «obliga al observador a mantener el puesto que se le asigna», esto es, el centro al que se accede después de atravesar un umbral subterráneo y que coloca al cuerpo humano «a una distancia propicia para favorecer la ilusión que crean los efectos».[21] De otro lado, la luz manipulada según un ritmo que invierte el que se sucede entre la noche y el día, de manera que, cuando en el exterior luce el sol, en el interior del monumento es de noche, y viceversa. De ahí la importancia de ese paso subterráneo —ejemplo de aquella 'arquitectura de la sombra' que Boullée se vanagloriaba de haber descubierto— que, en el cenotafio, y por medio de una experiencia basada en la desorientación espacial y temporal, conduce de una atmósfera a otra.

La pesada cáscara de fábrica que envuelve el cenotafio delimita un simple espacio vacío y oscuro, que después se cualifica gracias a la luz que pasa a través de las pequeñas aberturas en forma de embudo que perforan el muro siguiendo el mapa punteado por algunas constelaciones celestes. La arquitectura, aquí, se transforma en una suerte de naturaleza, pero no mediante la imitación de su forma, sino por el remedo de sus efectos: los puntos de luz que centellean en el interior de la bóveda oscurísima son como los astros que brillan en el cielo. Así concebido, el edificio resulta de «una verdad perfecta», pues, como explica Boullée, «los efectos de esta imagen están producidos por la naturaleza; no podrían haberse generado por otros métodos artísticos. Sería imposible conseguir, por medio de la pintura, el azul del cielo de una noche pura y sin ninguna nube, cuyo color, al estar desprovisto de tonalidades y de gradaciones, apenas se puede distinguir y, sobre cuyo tono oscurecido, los astros, brillantes de luz, deben destacar con dureza y vivacidad».[22]

Por ello, ya no basta con la pintura ilusionista; es la propia arquitectura la que debe dotarse de todos los mecanismos de la simulación, empleando «la magia del arte de pintar con la naturaleza, es decir, ponerla en obra».[23] Esta es, sin duda, la gran innovación conceptual que Boullée introduce en el concepto de atmósfera: considerar que la naturaleza 'puesta en obra' puede aliarse con la arquitectura para producir (dentro) efectos inéditos y cambiantes según varíen los meteoros (fuera). Con tal fin, emplea los recursos pintorescos que también por entonces empezaban a aplicar paisajistas como Uvedale Price o Christian Hirschfeld, es decir, la creación de escenas con carácter mediante la combinación oportuna de los elementos naturales más variados —el agua, la luz y la sombra, el color, los árboles y las rocas—, después de haberlos transformado en puro material artístico.

En sus singulares obras a caballo del sueño ilustrado y la quimera romántica, John Soane juega también con la *lumière mysteriéuse* que Boullée había ya convertido en su *leitmotiv* estético. Y va, de hecho, más lejos, pues el arquitecto británico se apropia de buena parte de los recursos efectistas del pintoresquismo, una corriente entonces en la cresta de la ola de la Estética. Prueba de ello es su trato continuado con personajes de la talla de Turner —algunas de cuyas pinturas colgaban en las paredes de su casa-estudio londinense— y de colaboradores como el gran acuarelista Gandy; relación que refuerza el hecho de que, a la hora de describir sus proyectos, Soane no confiara tanto —o no solo— en las herramientas convencionales de la planta, la sección o la perspectiva, cuanto en representaciones pictóricas que están impregnadas de una poderosa atmósfera. Basta con recordar, al respecto, los célebres dibujos de los domos del Banco de Inglaterra, con su luz cenital declinada con precisión en maneras innúmeras, o bien aquel cuadro en el que Gandy representa a Soane perdido entre las maquetas de sus obras construidas o soñadas que un pequeño fanal ilumina dramáticamente, o, por supuesto, la visión anticipatoria del propio Banco de Inglaterra convertido en ruina sublime.

Los escritos académicos de Soane son coherentes con este interés atmosférico. Partiendo de la premisa clasicista —que los franceses habían convertido por entonces en lugar común— de que el arquitecto debía actuar como un poeta, Soane considera el espacio construido como una suerte de obra de arte total, fruto del trabajo conjunto de una razón que organiza y construye y una emoción que apela al sentimiento merced al embrujo de la luz. De ahí que el verdadero arquitecto «piense y sienta como un poeta, combine y embellezca como un pintor y realice como un escultor»,[24] una declaración que, por supuesto, recuerda al mandato que poco antes había dictado Ledoux: «Vosotros, los que queréis ser arquitectos, empezad por ser pintores».[25]

Como el de Boullée o incluso el de Piranesi, el pintoresquismo de Soane depende de una puesta en escena lumínica que, lejos de someterse al dictado de las formas o los volúmenes, se impone a ellos en cuanto efecto orientado a poetizar la experiencia del cuerpo en el espacio que lo envuelve. Pero, en la obra de Soane, esta luz 'misteriosa' y declinada de diversos modos no se acrisola con las figuras puras y monumentales (Boullée) o con escenografías dramáticas a medio construir (Piranesi), sino con la geometría precisa y amable de los espacios de escala pequeña o incluso doméstica. Espacios del tipo de los cupulados del Banco de Inglaterra, por ejemplo, que se concatenan unos con otros en un recorrido que, como el del jardín pintoresco, está formado por cuadros o escenas sucesivas. O, mejor aún, espacios como los de la casa-estudio del propio Soane en Lincoln's Inn Fields, formada por una gavilla de pequeñas habitaciones de distinta condición —algunas de ellas minúsculas— que se dotan de un ambiente propio merced a la luz cenital y al uso rococó de los espejos del techo y los cristales coloreados; recursos que, combinados con la variedad del trazado y la adecuación general del proyecto y la decoración, dan lugar, en palabras del propio Soane, a «una sucesión de esos fantásticos efectos que constituyen la poesía de la arquitectura».[26]

Cristales coloreados, claraboyas innúmeras, plafones blancos y dorados que descuelgan del techo y ocultan los focos luminosos, espejos que multiplican la realidad… todos estos artificios tienen un único fin: la creación de atmósferas cuyo tipo e intensidad depende del modo como se manipula la luz. La célebre Sala de Desayunos de Lincoln's Inn Field resume bien esta condición atmosférica basada en la sobreabundancia de efectos lumínicos: por un lado, está la luz natural que penetra por la ventana que da al patio interior; por el otro, la luz cenital que se colorea de amarillo al atravesar la linterna; junto a ellas, la que se refleja en los espejos cóncavos situados en las enjutas de la bóveda; finalmente, la luz de los lucernarios ocultos y situados en las cuatro esquinas del recinto, que rebota en las paredes de manera que el perímetro de la habitación se vuelve borroso e indeterminado y la bóveda-dosel de escayola que cubre la sala parece flotar.

En todos estos dispositivos de creación de ambientes a través del colimado de la luz, Soane manifiesta su deuda con Boullée y su propósito de pintar con la naturaleza de manera que la arquitectura pueda producir en los interiores habitados efectos cambiantes que dependen de las condiciones climáticas exteriores. Pero, al igual que Boullée, el inglés no se somete sin más al albur de los meteoros, sino que los selecciona y manipula para conseguir un efecto muy determinado y un tanto ideológico: que el interior quede inmerso en la luz cálida y homogénea del mediodía romano, la luz clasicista por antonomasia, que es la misma que tiñe los cuadros de un Claudio de Lorena o un Poussin. De ahí, la preferencia de Soane por los cristales tintados de color amarillo y su escrupulosa insistencia en que su casa-estudio solo se visitara los días en en que las condiciones climáticas fuesen las idóneas. Los propios *tickets* de entrada al museo lo advertían al informar de que el museo se cerraría los días «con tiempo lluvioso o nublado», lo cual en Londres significa 'casi siempre'.

No hay nada más elocuente que esta preocupación de Soane por cerrar su casa los días nublados o lluviosos para transmitir que la intención del arquitecto británico no era tanto mostrar en su casa una colección de lienzos, antigüedades o fragmentos de edificios clásicos, cuanto en hacer posible una puesta en escena teatral en la que el protagonista no sería otro que el tiempo o, mejor, la niebla o el aura del tiempo. Por un lado, la niebla del tiempo atmosférico traducido en la luz meridional de ecos clásicos que, iluminando los fragmentos arqueológicos y los vaciados de escayola, sugiere el contexto de donde estos proceden. Por otro lado, la del tiempo cronológico encerrado en la entropía de los fragmentos, un tiempo evocador y distante que abre un hueco a lo sublime en lo pintoresco. Y todo ello a través de la atmósfera que, incidiendo en los sentidos, despierta el sentimiento, activa la memoria y pone a trabajar a la imaginación.

Infinitos burgueses: el Crystal Palace

En 1791, un filósofo, Herder, afirmó que los hombres eran «discípulos del aire». En 1821, Hegel, otro filósofo, incluyó el dominio de la atmósfera entre los fundamentos del Derecho («incluso el aire cuesta, pues hay que calentarlo», escribió). En 1808, un visionario, Fourier, explicó su plan para incrementar el efecto de las auroras boreales de manera que el norte de Canadá pudiera tener una temperatura como la de la Costa Azul, y el mundo pudiera disfrutar así de un «clima perfecto». En 1817, un jardinero, John Claudius Loudon, anticipó el día en el que los «climas artificiales» de los invernaderos ya no estarían abastecidos de pájaros, peces y animales inofensivos, sino de ejemplares de las especies humanas». En 1844, un médico y polímata, David Boswell Reid, se preguntó por qué, siendo el «aire invisible» tan importante para los espacios habitados, no se empezaba a considerar la arquitectura como «el cuerpo de esa atmósfera interior sin la cual no podría darse la vida». En 1851, otro jardinero, Joseph Paxton, construyó el Crystal Palace.

En la Inglaterra polucionada y anublada como nunca del siglo XIX, la utopía higiénico-atmosférica era casi un lugar común, así que el Crystal Palace —un invernadero gigante, a fin de cuentas— fue asumido con cierta naturalidad. Más allá de las previsibles loas al progreso de los tiempos y a la belleza pintoresca de la inmensa construcción de Paxton, los visitantes del edificio en general lo vieron como un «arco resplandeciente» o un «palacio para un príncipe encantado»,[27] es decir: lo vieron con las anteojeras del Romanticismo. Pero lo que sorprendió a los observadores más agudos fueron las características de su espacio interior, diáfano y bañado por la luz que entraba a raudales a través de las vidrieras transparentes. Si, desde fuera, el edificio se mostraba como una descomunal y rotunda estructura de bóvedas de acero y vidrio, en el interior cualquier referencia formal tendía a disolverse en una atmosfera pura y nunca vista cuya inmaterialidad e indefinición resultaban a los ojos de la época —sobre todo a los ojos más refinados— extraña y un tanto agresiva, si no es que traumática, por ser tan ajena a las leyes tradicionales del control visual de la forma. A Semper, que trabajó en el edificio en 1851, el Crystal Palace le recordaba una especie de 'vitrina' o un «vacío cerrado por un cristal»;[28] por su parte, Richard Lucae, que escribió sobre el edificio algunos años después, vio en la inmensa obra el primer ejemplo de un «ambiente creado de manera artificial», un ambiente en el que «como ocurre en un cristal, no hay un interior o un exterior verdadero», de manera que nos sentimos «separados de la naturaleza, sin apenas darnos cuenta», como si «estuviéramos en la sección de una atmósfera».[29]

La fascinante o incómoda sensación de estar en un interior inasible e ilimitado —un interior que, por su escala y características, parecía en realidad un exterior— tenía que ver con la paradoja de que, en el Crystal Palace, la sustancia más incorpórea, el aire, se había convertido en un material arquitectónico por derecho propio. La masividad y la articulación visual ya no importaban; lo relevante era la capacidad de la materia para producir efectos. Como el de los impresionistas más tarde, el pintoresquismo del Crystal Palace era aéreo y, con ello, refrendaba los sueños atmosféricos de los que precedieron a Paxton, sueños higiénicos un tanto megalómanos que estaban, por decirlo así, flotando en el ambiente. Lejos de aislarse radicalmente del exterior, la membrana de acero y vidrio del Crystal Palace se limitaba a acotar una porción de ambiente (el Crystal Palace parecía la casa de los discípulos del aire postulados por Herder); calentaba esa porción de aire y la convertía en un bien valioso (en el sentido planteado por Hegel); confirmaba la posibilidad utópica de un clima regulado a gran escala (como previó Fourier); descontextualizaba el uso del invernadero para aplicarlo a la especie humana, en particular a la especie burguesa (como había soñado Loudon) y, finalmente, planteaba la posibilidad de una arquitectura basada menos en formas que en atmósferas (como había propuesto Reid).

El Crystal Palace inventó a sus precursores, y hoy, metidos de lleno en el Antropoceno, los arquitectos seguimos intentando inventar el Crystal Palace.

Contra el desamparo, la casa de cristal

Discípulo también del aire, Paul Scheerbart, el padre espiritual de los arquitectos expresionistas, había dictaminado que el Crystal Palace debía ser el espejo en que tenía que mirarse la arquitectura del futuro. Bruno Taut se tomó muy en serio esta recomendación en su proyecto para el que sería uno de los pocos edificios conscientemente atmosféricos de la modernidad: la Glashaus construida en Colonia en 1914. Con todo, no hay rastro en esta pieza del optimismo capitalista evidenciado en el Crystal Palace, a pesar de tratarse, como este, de un pabellón de feria de muestras. Lo impedía la época —los albores de la Gran Guerra, tan alejados de la *pax britannica* de mediados del siglo XIX— y, con ella, la percepción de las consecuencias del desarrollo capitalista, tenidas ya menos como un motivo de orgullo que como una agresión o condena.

Hacía décadas que Baudelaire y Simmel habían diagnosticado el mal del siglo. La aceleración de la vida moderna convertía a los individuos en masas sometidas a una especie de *shock* eléctrico continuado, del cual resultaba como fruto imprevisto el que se consideraba el síntoma patológico de la época: las enfermedades nerviosas. A ellas se sumaba la desorientación producida tanto por el crecimiento imparable de las ciudades —ya metrópolis deshumanizadas— cuanto por el progresivo 'desencantamiento' del mundo que por entonces había diagnosticado Max Weber. Y todo ello para dar pie a una nueva patología, esta de índole filosófica, que con precisión Georg Lukács supo definir en 1920 como 'desamparo trascendental'.

La Glashaus de Taut y, en general, las utopías expresionistas pretendieron responder creativamente a esta sensación de desamparo. Y por ello sus propuestas no podían depender ya de la optimista estética de la transparencia cuyo mejor ejemplo hasta el momento había sido el Crystal Palace, sino que se confiaban a materiales y configuraciones susceptibles de producir espacios con más densidad atmosférica, ambientes aislados del exterior que sugirieran la idea de un cobijo existencial, de un refugio. En este empeño, la metáfora del cristal proporcionó a los expresionistas el material formal e ideológico para desarrollar un complejo programa estético y también ético que, más que producir formas exóticas y anacrónicas —vana tarea a la que la historiografía canónica de la modernidad parece haber reducido el Expresionismo—, pretendía alcanzar un determinado tipo de atmósfera: psicológica, densa, acogedora, sinestésica y, merced a todas estas cualidades, capaz de proteger primero y redimir después al desamparado individuo moderno.

Partiendo de estas premisas, la cesura, el umbral, en definitiva, la cualidad cavernaria propia de los ambientes góticos y barrocos, y no la transparencia y la resonancia meteorológica de los edificios vidriados al modo del Crystal Palace, fueron las categorías estéticas fundamentales del espacio expresionista. Con ellas se pretendía construir atmósferas de tipo existencial que implicasen al individuo con su ambiente inmediato a través de su imaginación y su memoria corporal: ambientes en los que uno pudiera sentirse a buen recaudo, como en casa. En un afán de entroncar con los espacios góticos, las paredes de estas guaridas o madrigueras existenciales no se quisieron de vidrio transparente, sino coloreado, y con ello aludían a la vieja metáfora del cristal que el neorromanticismo de principios del siglo XX había vuelto a hacer suya. El uso del color tenía asimismo una valencia ética y terapéutica, que se remitía tanto a la tradición inaugurada por Goethe —según la cual los colores generaban un efecto estético y ético a la vez— como a la estética psicologista de finales del siglo XIX, que, partiendo de las tesis de científicos como Fechner y Henry, consideraba que el exponer los sentidos a impresiones coloreadas podía tener efectos curativos.

A todo ello se sumaba la creencia contemporánea —establecida a partes iguales por la incipiente neurofisiología, la estética psicológica y las corrientes esotéricas— en el paradigma de la 'vibración', que postulaba que los movimientos de las ondas por la atmósfera se transmitían también a través del cuerpo humano, de ahí que este fuese concebido como una especie de resonador absorbente de las vibraciones cósmicas que canalizaba a través de los diferentes conductos sensoriales. Esto explica por qué la arquitectura expresionista, en cuanto configuradora de la atmósfera 'vibratoria' que rodea al cuerpo, se interpretaba como una especie de condensador cósmico o de microcosmos construido para atrapar, colimar y refractar la energía luminosa a través de las paredes de vidrio coloreado. Después la esparcía por el ambiente habitado que, de este modo, se vivificaba y entraba en resonancia empática *(Einfühlung)*, no ya con los meteoros, sino con el cosmos en su conjunto. Taut lo resumía bien: «La luz quiere abrazarlo todo. Está viva en el cristal. Fluctúa desde el cosmos hasta nuestras habitaciones, y los colores con que pintamos las habitaciones (también en el caso de que no sean de vidrio) son la condensación de la luz, nuestro encuentro con la profundidad de la que esta surge en íntima conexión con las estrellas donde tiene su origen».[30]

El corolario de todo esto era la condición sinestésica del espacio habitado: los edificios como resonadores de las vibraciones de toda índole que fluctúan por el cosmos y que afectan a cada uno de los sentidos del cuerpo humano, interpretado a su vez como un resonador. La ambiciosa idea de fondo que latía en tales imágenes era común a la época: considerar la arquitectura como una 'obra de arte total' susceptible de hablar a todos los sentidos, y que podía establecer analogías entre ellos y entrar en correspondencia con los fenómenos físicos de la totalidad del cosmos. Desde este punto de vista, el poder de la arquitectura dependía de su capacidad de producir impresiones fuertes y variadas *(Wirkungen)* en el cuerpo humano, y todo ello en el contexto de una atmósfera característica *(Stimmung)*, esto es, estéticamente manipulada y convenientemente excitada.

Con todo, y aunque las cualidades de esta atmósfera pretendiesen excitar todos los sentidos en su conjunto, era inevitable que el brazo de la balanza se inclinase del lado del sentido del tacto, debido a la influencia de las ideas estéticas, entonces muy en boga, de Riegl, Wölfflin o Berenson. Por ello, la arquitectura de los expresionistas buscó el contacto con el cuerpo, acortó la distancia que antes imponía el ocularcentrismo. «La casa», escribe sobre esto Hermann Finsterlin, «ofrecerá un hueco agradable al cuerpo que busca reposo. El pie caminará sobre un suelo pulido como el cristal [...] A través del plano reflectante del suelo se desplegará por el ambiente una sensación multidimensional [...] El pie podrá apoyarse a cada paso sobre un suelo ornamentado de esculturas, de modo que nuestro sentido primordial, el tacto, pueda enriquecer aquellas soluciones que llegan al espejo de nuestra conciencia solo con elementos visibles, mientras que estamos rodeados del espacio más puro, sutil e inalcanzable del mundo de la materia. Solo así la casa podrá convertirse en una verdadera experiencia vital, una especie de madre marsupial que protege y da forma, un cáliz del Grial que se llena a cada vuelta con la energía producida por las pulsaciones de la Tierra».[31]

Un híbrido entre el saco marsupial que da cobijo y el Grial coloreado y sinestésico que capta la energía del cosmos era, precisamente, la arquitectura de la Glashaus. Concebido para exponer productos vítreos, el pabellón de cristal acrisolaba en su forma un sinfín de referencias simbólicas: la idea de la arquitectura como 'caverna cósmica' o microcosmos, la de la cúpula como símbolo de la bóveda celeste o la del vidrio industrial coloreado como metáfora de las formaciones cristalinas producidas espontáneamente por la naturaleza.

Todas ellas se desplegaban en una atmósfera de índole sinestésica que apelaba a la vez al sentido de la vista, el tacto y el oído por medio de un recorrido que llevaba al visitante por diferentes acontecimientos estéticos vinculados cósmicamente a cada uno de los cuatro elementos de la física clásica. En primer lugar, el fuego, que aparecía destilado en la cúpula —esotéricamente interpretada como una gran gema— y en las paredes de vidrio tintado, semejantes a vidrieras góticas. En segundo lugar, el aire denso que henchía la atmósfera interior coloreada por la luz. La tierra quedaba, por su parte, simbolizada por el hormigón estereotómico del plinto semienterrado en el que se apoyaba la ligera cúpula, mientras que el agua, incorporada como una metáfora viva en el propio edificio, literalmente se despeñaba desde la planta superior formando pequeñas cascadas cuyo rumor hacía las veces de sinestésico bajo continuo.

Así configurada, la rica atmósfera dispuesta en el pequeño edificio admitía varias lecturas. La esotérica implicaba una exégesis de las complejas referencias que formaban parte de la metáfora del cristal acuñada durante el Romanticismo y daba cuenta de ideas como la transmutación alquímica, las metamorfosis de la materia a través de la energía y otras referencias bíblicas y herméticas. Por su parte, la exotérica vinculaba al edificio con la tradición lúdica de los pabellones sinestésicos que, desde mediados del siglo XIX, proliferaron con ocasión, sobre todo, de las exposiciones universales, y que buscaban descomponer la seriedad monumental y culta de la arquitectura ecléctica en una puesta en escena perceptiva y abierta sin reparos a la incipiente cultura de masas. En la Glashaus, lo simplemente divertido se confundía con lo soteriológico; el entretenimiento, con la cábala; la *aesthesis*, con la *ascesis*.

A caballo entre la percepción y la reflexión, la atmósfera expresionista confiaba, en definitiva, en el poder de la sinestesia para enrarecer los sentidos, para activar el cuerpo y depurar el alma, para proceder, en fin, a una educación estética del hombre, con todas sus connotaciones schillerianas.

Concebido como un creador de atmósferas significativas, el arquitecto debía asumir el papel de un pedagogo y la arquitectura, el de un campo de estimulación estética y moral: de una verdadera 'experiencia vital', como escribiría Finsterlin. Así lo reconoció el propio Taut en su opúsculo sobre la Glashaus, texto que evidencia las intenciones terapéuticas y morales del edificio: «Verdaderamente, la perspectiva de la arquitectura del vidrio abriga una bien fundada expectativa de que los ojos y la sensibilidad de la gente puedan ser ganados a estímulos más sutiles. En la arquitectura de hoy necesitamos ser liberados de la entristecedora omnipresencia de los estereotipos monumentales, a través de formas fluidas y sin esfuerzo».[32]

La conclusión de todo ello parecía evidente: a más atmósfera, menos monumento; a más percepción, menos representación. Es un aforismo que, en buena medida, compete a la arquitectura contemporánea, al menos a la concebida desde la estética de la energía y de la cultura que aquí se está describiendo.

Eduardo Prieto
Profesor titular de Historia de la
Arquitectura y el Urbanismo
Universidad Politécnica de Madrid

Buena parte de este texto, que ha sido
revisado y ampliado para su publicación
en este libro, fue escrito originalmente
en 2010 como parte de la tesis doctoral
*Máquinas o atmósferas: la estética de la
energía en la arquitectura* (1750-2000)
(Madrid: UPM, 2014).

Notas

1. Wigley, «La arquitectura de la atmósfera", 84.

2. Böhme, *Atmosphäre. Essays zur neuen Ästhetik*, 47.

3. *Ibidem.*

4. *Ibidem*, 22-23.

5. *Ibidem*, 40.

6. Seel, *Estética del aparecer*, 55.

7. Griffero, *Atmosferologia. Estetica degli spazi emozionali*, 40.

8. Merleau-Ponty, *Phénomenologie de la perception*, 151. Traducción del autor.

9. Citado en Böhme, *op. cit.*, 48.

10. Bollnow, *Hombre y espacio*, 207-208.

11. Bachelard, *La poética del espacio*, 70.

12. Wölfflin, *Renacimiento y Barroco*, 35.

13. *Ibidem*, 70.

14. Riegl, *El arte industrial tardorromano*, 40.

15. Wölfflin, *op. cit.*, 92.

16. Wölfflin, *Los principios fundamentales del arte*, 383.

17. Wölfflin, *Renacimiento y Barroco*, 49.

18. *Ibidem*, 70.

19. Boullée, *Arquitectura: ensayo sobre el arte*, 81-82.

20. *Ibidem*, 127.

21. *Ibidem*, 128.

22. *Idem.*

23. *Ibidem*, 130.

24. Citado en Moleón, *John Soane (1753-1837) y la arquitectura de la razón práctica*, 111.

25. Ledoux, *La arquitectura considerada en relación con el arte, las costumbres y la legislación*, 112.

26. Citado en Moleón, *op. cit.*, 181.

27. Citado en Pevsner, *Historia de las tipologías arquitectónicas*, 294.

28. Semper, *Du Style et de l'architecture*, 91.

29. Lucae, «Über die Macht des Raumes in der Architektur", 303.

30. Citado en Samonà, *Frühlicht. Gli anni dell'avangarda architettonica in Germania*, 68. Traducción del autor.

31. Citado en *ibidem*, 110. Traducción del autor.

32. *Idem.*

Bibliografía citada

Bachelard, Gaston. *La poética del espacio*. México: Fondo de cultura económica, 2000.

Böhme, Gernot. *Atmosphäre. Essays zur neuen Ästhetik*. Fráncfort: Suhrkamp Verlag, 1995.

Bollnow, Otto Friedrich. *Hombre y espacio*. Barcelona: Labor, 1969.

Boullée, Étienne-Louis. *Arquitectura: ensayo sobre el arte*. Barcelona: Gustavo Gili, 1985.

Griffero, Tonino. *Atmosferologia. Estetica degli spazi emozionali*. Bari: Editori Laterza, 2010.

Ledoux, Claude-Nicolas. *La arquitectura considerada en relación con el arte, las costumbres y la legislación*. Madrid: Akal, 1994.

Lucae, Richard. «Über die Bedeutung un Macht des Raumes in der Baukunst», *Zeitschrift für Bauwessen,* vol. 19, 1869.

Merleau-Ponty, Maurice. *Phénomenologie de la perception*. París: Gallimard, 1945.

Moleón, Pedro. *John Soane (1753-1837) y la arquitectura de la razón práctica*. Madrid: Mairea, 2001.

Pevsner, Nikolaus. *Historia de las tipologías arquitectónicas*. Barcelona: Gustavo Gili, 1979.

Riegl, Alois. *El arte industrial tardorromano*. Madrid: Visor, 1995.

Samonà, Giuseppe (ed). *Frühlicht. Gli anni dell'avangarda architettonica in Germania*. Milán: Gabriele Mazotta Editore, 1974.

Seel, Martin. *Estética del aparecer*. Barcelona: Katz, 2010.

Semper, Gottfried. *Du Style et de l'architecture.* Marsella: Éditions Parenthèses, 2007 [buena parte de los ensayos que contiene la edición francesa han sido traducidos al español por José M. García Roig en Antonio Armesto, ed. *Escritos fundamentales de Gottfried Semper*. Barcelona: Fundación Arquia, 2014].

Wigley, Mark. «La arquitectura de la atmósfera». En *Breathable,* editado por Cristina Díaz Moreno y Efrén García Grinda. Madrid: Universidad Europea de Madrid, 2009.

Wölfflin, Heinrich. *Los principios fundamentales del arte*. Madrid: Espasa-Calpe, 2007.

Wölfflin, Heinrich. *Renacimiento y Barroco*. Barcelona: Paidós, 1991.

Colección Ensayos Críticos

Directora de la colección
Silvia Colmenares

Edita
DPA ETSAM en colaboración con
Ediciones Asimétricas

Ensayos Críticos 02
*Tan cerca y de repente tan lejos. Una historia
de las atmósferas en la arquitectura*

© de los textos
Eduardo Prieto

© de las imágenes
sus autores

© de la edición
© DPA ETSAM, 2024
www.dpa-etsam.com
© Ediciones Asimétricas, 2024
www.edicionesasimetricas.com

Diseño
gráfica futura

Impresión
Estilo Estugraf Impresores

ISBN
978-84-10065-16-1

Depósito legal
M-7251-2024

Impreso en España / Printed in Spain

Primera edición, abril 2024
Primera reimpresión, octubre 2024